Chuaigh Seán agus Mamaí go dtí an banc.

3

'Ar mhaith leat stampa?' arsa an fear.
'Ba mhaith liom,' arsa Seán. Chuir sé
a lámha amach.

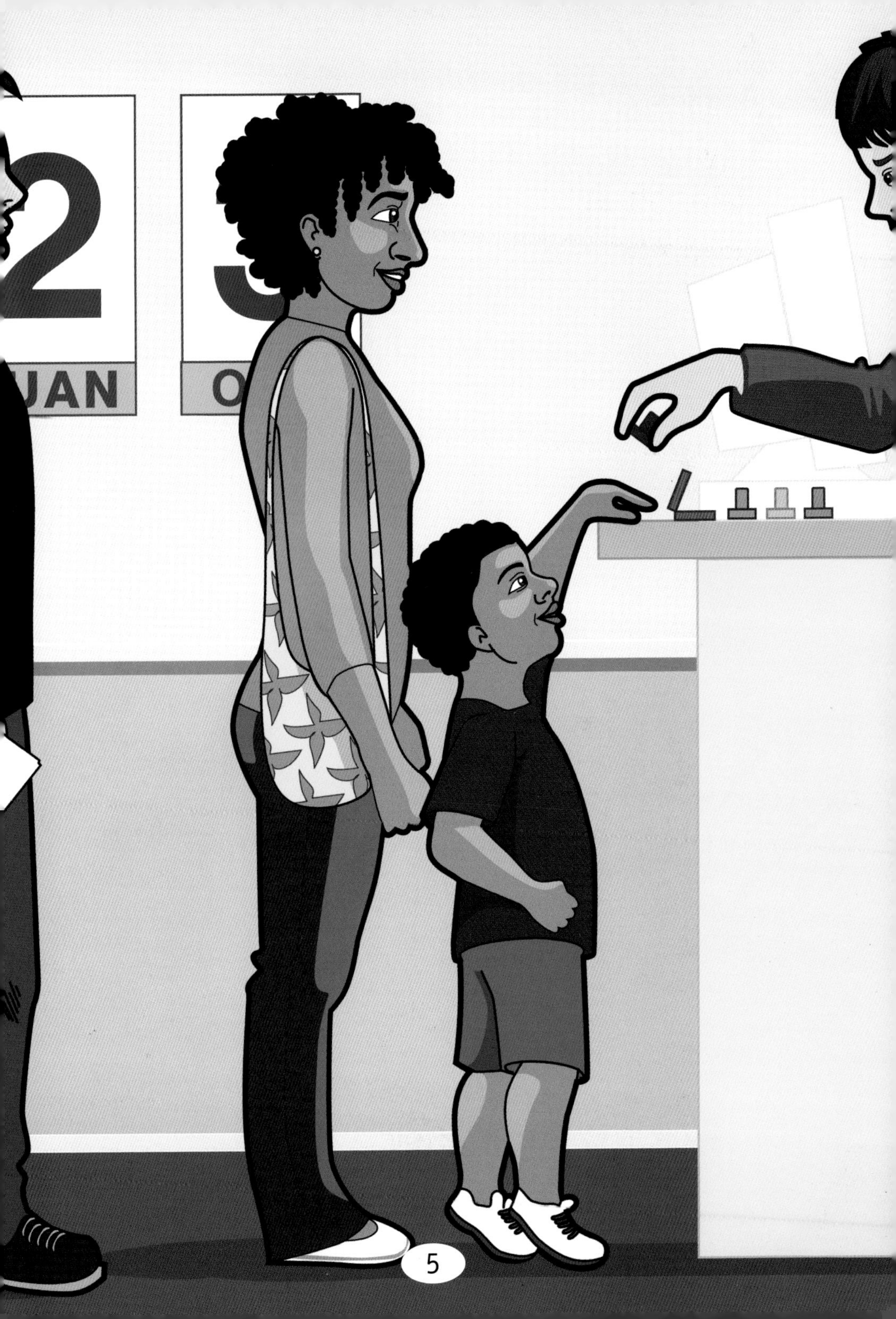
2
JAN

D'fhág Seán an banc le féileacáin ghorma ar a lámha.

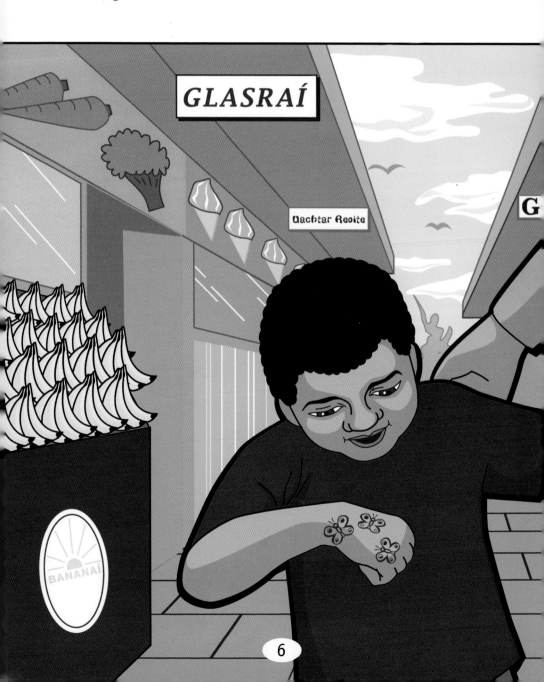

Chuaigh Seán agus Mamaí go
dtí Oifig an Phoist.

'Ar mhaith leat stampa?' arsa an bhean.
'Ba mhaith liom,' arsa Seán. 'Féach ar na
féileacáin ar mo lámha!'

'Bóíní Dé dearga. Is maith liom iad'.

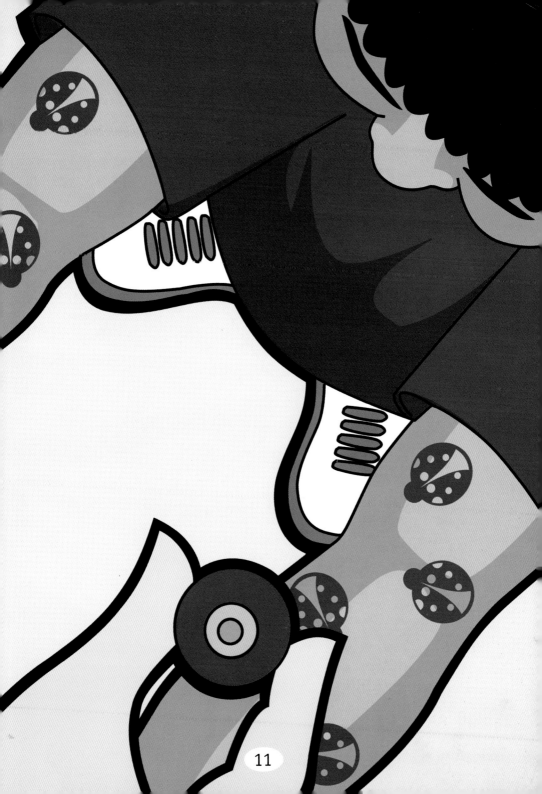

Chuaigh Seán agus Mamaí
go dtí an Leabharlann.
Fuair Seán dhá leabhar.

'Féach ar mo lámha,' arsa Seán.
'Féach ar na féileacáin agus na bóíní Dé.'

'Ar mhaith leat stampaí eile?' arsa an bhean.
'Ba mhaith liom,' arsa Seán, 'ar mo chosa!'.

Chlúdaigh an bhean a chosa
le damháin alla dhubha.

Bhí bóíní Dé dearga ar a lámha.

Bhí féileacáin ar a lámha freisin.

Chuaigh Seán agus Mamaí go dtí an Siopa Bréagán.
'Tá stampa nua agam,' arsa an bhean.
'Ar mhaith leat é?'
'Ba mhaith liom,' arsa Seán.

19

'Cuir ar mo bholg é,' arsa Seán.
'Ar do bholg?' arsa an bhean.
'Ar mo bholg!' arsa Seán.

Chlúdaigh an bhean a bholg
le péisteanna cabáiste.

Bhí Seán ag gáire is ag gáire.

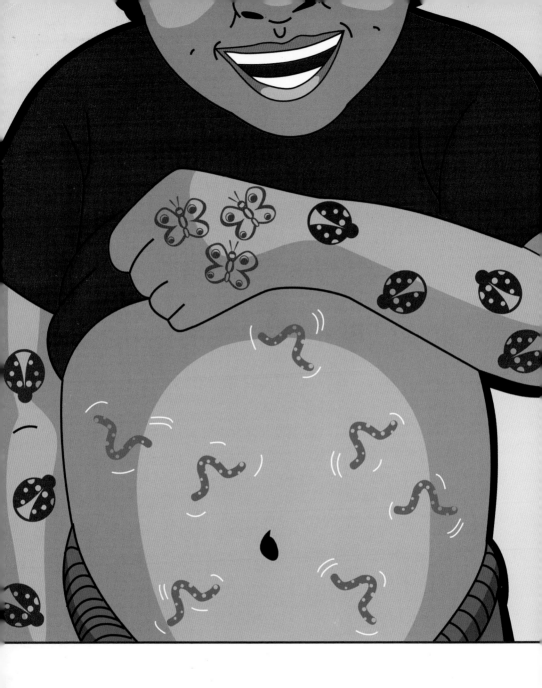

Bhí na péisteanna ag gáire freisin.